Die künftige Gestaltung

des

deutschen Rechtsstudiums

nach den Beschlüssen

der

Eisenacher Konferenz

von

Emil Friedberg.

Leipzig,
Verlag von Veit & Comp.
1896.

Druck von Metzger u. Wittig in Leipzig.

Vorwort.

Die Eisenacher Märzkonferenz der deutschen Rechtslehrer hat mir, dem sie die Ehre erwiesen hatte, ihn zum Vorsitzenden zu wählen, den Auftrag ertheilt, über die Vorgänge und Beschlüsse öffentliche Mittheilung zu machen.

Ich komme in den folgenden Zeilen dieser Verpflichtung nach. Mögen sie bei den Theilnehmern der Konferenz dieselbe nachsichtige Beurtheilung finden, deren ich mich bei meiner Amtsführung zu erfreuen hatte, und mögen sie bei allen Übrigen, Juristen wie Nicht-Juristen, die Überzeugung festigen, daß deutsche Professoren, wenn es sich darum handelt, ein Werk der nationalen Einheit zu behandeln, auch ihrerseits einig zu sein verstehen.

Leipzig, 25. März 1896.

Emil Friedberg.

Noch niemals sind die deutschen Juristenfakultäten vor eine so schwierige Frage gestellt worden, wie sie die bevorstehende Einführung des Bürgerlichen Gesetzbuches für das Deutsche Reich ihnen zur Beantwortung stellt.

Ursprünglich ist nur römisches und kanonisches Recht, wie an allen, so auch an den deutschen Universitäten gelehrt worden.[1] Behauptete unter diesen das letztere im XV. Jahrhundert den Vorrang, so hat es diesen, nachdem die Reformation den Bestand der katholischen Kirche erschüttert hatte, durchweg, wenn auch erst allmählich,[2] an das erstere abtreten müssen. Das nationale deutsche Recht gewann dann im Laufe der Zeit festen Fuß, indem das Staats- und das Lehnrecht[3] sich zu besonderen akademischen Disziplinen gestaltete, ebenso wie dies in Bezug auf Strafrecht und Prozeß[4] der Fall gewesen ist. Dagegen fand das deutsche Privatrecht wie in der wissenschaftlichen so auch in der Unterrichts-Behandlung nur einen Unterschlupf beim römischen Recht als usus modernus pandectarum. So epochemachend nun auch die That des Wittenberger Georg Beyer gewesen ist, als er im Jahre 1707 zuerst Vorlesungen über deutsches

---

[1] Vgl. Friedberg, Das Collegium Juridicum. Leipzig 1882. S. 28 f.

[2] Vgl. ebendas. S. 52.

[3] Vgl. ebendas. S. 68. Eine ordentliche Professur dafür ist in Leipzig erst 1712 errichtet worden; ebendas. S. 75.

[4] Vgl. ebendas. S. 68.

Privatrecht hielt[1] und dieses so dem Range einer eigenen Lehrdisziplin entgegenführte, so war doch damit eigentlich ein neuer Lehrstoff den Universitäten nicht zugebracht worden. Es war mehr ein iudicium finium regundorum zwischen dem germanischen und römischrechtlichen Stoff, der die Vorlesungen über den letzteren entlastete und das bisherige Anhängsel dem Range eines gleichgestellten Genossen entgegenführte. Seitdem ist die Gestaltung des Privatrechtsunterrichtes an allen deutschen Universitäten bis auf die Jetztzeit durchweg gleichartig gewesen. Die erste Stellung nahm dabei das römische Recht als Lehrgegenstand ein. Drei Vorlesungen suchten den Studierenden in dessen Verständniß einzuführen: Institutionen, die gleichzeitig die juristischen Grundbegriffe auf römisch-rechtlicher Grundlage vorzuführen unternahmen, römische Rechtsgeschichte, welche das Quellenmaterial, die Gestaltung der römischen Staatsverfassung und — dies vielfach auch in besonderer Vorlesung — die Geschichte der Privatrechtsinstitute erörterte. Zum Schlusse endlich die Pandektenvorlesung. Diese wurde als der Mittelpunkt des Rechtsunterrichts angesehen, und die wissenschaftliche Qualität des Pandektisten drückte der Fakultät ihren eigenthümlichen Stempel auf. Die Berliner Fakultät das war — um von Lebenden hier zu schweigen — wesentlich die Savignys und Puchtas, die Heidelberger die Vangerows, die Leipziger die Wächters und Windscheids.

Daneben wurde der germanistische Rechtsstoff in nur zwei Vorlesungen behandelt, der deutschen Rechtsgeschichte, die zwar das Material der deutschen Rechtsquellen überlieferte, aber sonst

---

[1] Friedberg, Hundert Jahre aus dem Doktorbuche der Leipziger Juristenfakultät 1600—1700. Leipzig 1887 (Universitäts-Programm) S. 24. Doch war in Leipzig schon 1702 Menke zum Professor ordinarius iuris saxonici et cursoriae tractationis Pandectarum ernannt worden. Friedberg, Collegium a. a. O. S. 75.

im Wesentlichen nur einen für das öffentliche Recht propädeutischen Charakter trug, und das deutsche Privatrecht, welches den Stoff nicht blos dogmatisch sondern gleichzeitig auch geschichtlich zu erörtern hatte. Diese zuletzt genannte Disziplin erfuhr im Laufe der Zeit theils Vermehrung, theils Verminderung. Das erstere geschah namentlich seit Errichtung des norddeutschen Bundes und des deutschen Reiches, indem die durch Reichsrecht geregelten Materien, deren Verschmelzung mit den Pandekten doch unzulässig erschien, in das deutsche Privatrecht aufgenommen wurden. Das letztere, indem das Handels-, Wechsel- und Seerecht ausgeschieden und zum Gegenstande besonderer Vorlesungen gemacht wurden.

Merkwürdig und doch erklärlich, daß bei diesem Lehrplane in den Universitäten derjenigen deutschen Staaten, welche ein besonderes Bürgerliches Gesetzbuch besaßen, diesem doch keine hervorragende Stellung zugewiesen wurde. Weder das Preußische Landrecht, noch das Recht des Code civil oder des Badischen Landrechts noch auch das des Sächsischen Bürgerlichen Gesetzbuches trat in den Mittelpunkt des Rechtsunterrichtes an den Universitäten der betreffenden Länder. Wie sie von der Doktrin zunächst vernachlässigt wurden, bildeten sie auch in den Vorlesungen der juristischen Fakultäten nur einen Anhang. Und selbst, wo und nachdem die wissenschaftliche Bearbeitung dieser Rechte auf das Niveau der modernen Anforderungen gebracht worden war, trat doch keine Änderung in ihrer Behandlung als Unterrichtsgegenstand ein. Denn da diese Bearbeitung sich wesentlich dadurch bethätigt hatte, daß die innere Verbindung des partikularen mit dem gemeinrechtlichen Rechtsstoff vollzogen wurde, so wurde damit nur die Bedeutung des gemeinrechtlichen Unterrichts, des römisch- und deutschrechtlichen, erhöht und dieser als geeignet angesehen, auch in das Verständniß der partikularen Rechte hinreichend einzuführen.

So lag denn die Möglichkeit vor, daß der Preuße, Sachse, Badenser auch an fremden Universitäten juristisch vorgebildet werden konnte, wenn er nur dann am Schlusse seiner Studien sich noch eine besondere, nicht nothwendiger Weise tiefe Kenntniß des partikularen Rechtes verschaffte, dessen praktische Handhabung freilich seine weitere Lebenszeit ausfüllen sollte.

Ist dieser bisherige Zustand noch aufrecht zu erhalten, wenn das bürgerliche Gesetzbuch für Deutschland erreicht sein wird?

Eine ganze Literatur versuchte die Antwort auf diese Frage zu geben. Die dabei geäußerten Ansichten standen einander geradezu gegensätzlich gegenüber, und selbst wo im Großen und Ganzen Übereinstimmung obwaltete, traten in den Einzelheiten Verschiedenheiten hervor. Diese Manigfaltigkeit der Ansichten legte ja ein rühmliches Zeugniß dafür ab, wie tief und wie inviduell die Sachverständigen, oder die dies zu sein vermeinten, den Ernst und die nationale Bedeutung der Frage erfaßten, aber sie gestaltete sich geradezu zu einer nationalen Gefahr, je näher die Aussicht auf das Zustandekommen des Gesetzbuches herantrat.

Sollte jetzt jeder deutsche Staat für seine Landesuniversitäten dem zukünftigen Lehrplane eine partikulare Gestaltung geben? Dann ging der Nation ein ihr eigenthümliches, in seiner Bedeutung nicht hoch genug anzuschlagendes Bildungselement verloren. Dann konnte der Preuße, der Bayer u. s. w. nur noch auf Landesuniversitäten studieren, dann wurde der norddeutsche Student nie mehr von dem warmen Hauche des süddeutschen Lebens berührt, dann lernten die Süddeutschen nie mehr hinter dem spröden norddeutschen Wesen dessen tüchtige Zuverlässigkeit kennen, dann ging den deutschen Stämmen ein wesentliches Mittel sich gegenseitig verstehen d. h. schätzen zu lernen unwiederbringlich verloren. Hatten die Universitäten auch in den Zeiten der politischen Zersplitterung stets den nationalen Gedanken hochgehalten, so war dies möglich gewesen, weil sie selbst stets nationale Anstalten gewesen waren. Es wäre eine merkwürdige Ironie des Schicksals, ja geradezu widersinnig gewesen, wenn sie, nachdem die Frucht erzielt war, zu der sie wesentlich die Samenkörner in den Boden gelegt hatten, nachdem das nationale Gesetzbuch erreicht war, dadurch ihren nationalen Charakter einbüßen und zu partikularen Anstalten degradirt werden sollten.

Darum galt es, den Versuch zu machen, ob nicht unter den Fakultäten selbst eine Übereinstimmung über die zukünftige Gestaltung des Rechtsunterrichtes erzielt werden könnte.

Die Aussicht dazu war allerdings eine sehr zweifelhafte, wenn man die Gegensätze erwog, die sich bisher bemerkbar gemacht hatten. Denn die Einen wollten an dem Bestehenden möglichst wenig, eigentlich so gut wie nichts geändert wissen. Das neue Recht sollte nur in die Lücke treten, die durch das Fortfallen des Partikularrechts eröffnet wurde.

Es war diese Meinung keineswegs das Produkt eines behaglichen Quietismus, der sich wohlig auf dem bisher so wohnlich eingerichteten Lager sonnte und die Fährlichkeiten und Schwierigkeiten des Umzuges scheute. Es war der pflichtgemäßige Gesinnungsausdruck derjenigen Männer, welche von der internationalen Bedeutung des römischen Rechtes, an dessen Ausbildung viele Jahrhunderte ihre beste Kraft eingesetzt hatten, tief durchdrungen waren, und welche erkannten, daß wenn die deutsche civilistische Jurisprudenz an der Spitze marschire, dies eigentlich ihrer romanistischen Grundlage zu verdanken sei. Auf der anderen Seite erhob sich der Ruf: weg mit den Pandekten! Und auch das war nicht blos ungesunder Radikalismus, Opposition gegen das invidualistische und somit, wie man vielfach hören konnte, antinationale römische Recht. Auch hier lag die ernste Überzeugung zu Grunde, daß das nationale neue Recht auch einer treuen nationalen Pflege bedürfe und darum den Löwenantheil des akademischen Unterrichts nicht mehr an ein fremdsprachiges und fremdes Recht abgeben dürfe.

In der Mitte standen wieder die Meinungen derjenigen, welche die Vorzüglichkeit des römischen Rechtes als pädagogisches Bildungsmittel nicht missen wollten, denen vor einer zukünftigen „Paragraphen- und Präjudizienjurisprudenz“ graute. Konnten sie doch auf das warnende Beispiel der Franzosen hinweisen, die nachdem sie zunächst frohlockend die römischrechtlichen Schiffe verbrannt hatten, doch schließlich um den Geist der Wissenschaftlichkeit wieder zu beleben, zum römischen Rechte hatten zurückkehren müssen, und die gerade dabei sind, wie auch die Italiener, den Spuren Deutschlands zu folgen. Sollte dieses den bisher verfolgten Weg ganz aufgeben in dem Zeitpunkte, wo die fremden Nationen auf dessen Richtigkeit nachdrücklich hinzuweisen unternahmen?

Hatte Deutschland keine Romanisten mehr, dann schwand auch die internationale Bedeutung seiner Jurisprudenz. Und blieb endlich nicht die alte Wahrheit des Satzes bestehen, daß es leicht ist Bestehendes einzureißen und dann oft unsäglich schwer, das zu eilig Beseitigte wieder herzustellen? Sollte nicht erst abgewartet werden, was später an der Hand der Erfahrung sich als nöthig herausstellen werde?

Aber auch die Frage nach der Gestaltung des Unterrichts über das neue Gesetzbuch bot vielfache Schwierigkeiten, die durch dessen eigenthümliche Gestalt bewirkt waren. Ist doch dieses Gesetzbuch nicht vollständig. Soll in Zukunft über das Gesetzbuchrecht allein in abgeschlossener Vorlesung gelehrt werden? Sollen die disiecta membra des außerhalb des Gesetzbuchs normirten Reichsrechtes, des in Geltung bleibenden Partikularrechts damit verbunden, oder abgesondert gelehrt, oder mit dem ehemaligen deutschen Privatrecht in Verbindung gebracht werden? War dieses letztere überhaupt noch beizubehalten? So gering die Aussichten auf eine Verständigung unter den deutschen Rechtslehrern über alle diese Fragen waren, der Versuch, eine solche herbeizuführen, mußte doch unternommen werden.

Zu diesem Behufe setzte sich die Leipziger Juristenfakultät mit der Berliner und der Münchener in Beziehung, und die drei vereinigten sich, folgende Zuschrift an sämmtliche deutsche Juristenfakultäten zu erlassen:

„Die bevorstehende Einführung des Bürgerlichen Gesetzbuches für das deutsche Reich wird eine Umgestaltung des juristischen Lehrplanes zur Folge haben.

Es ist von größter Bedeutung, daß diese Umgestaltung überall in gleichmäßiger Weise vor sich gehe, um die bisherige Einheitlichkeit des deutschen Rechtsunterrichts aufrecht zu erhalten und die studentische Freizügigkeit nicht zu unterbinden.

Zu diesem Behufe sind die unterzeichneten drei Fakultäten übereingekommen, sich an die übrigen Schwesterfakultäten zu wenden und durch deren Vermittelung die sämmtlichen ordentlichen Professoren derselben, insbesondere die Vertreter des Privatrechts, zu einer für Montag, den 23. März zu Eisenach in Aussicht genommenen Konferenz einzuladen.

Im Falle der Zustimmung zu unserem Plane bitten wir, dem mitunterzeichneten Dekan der Leipziger Juristenfakultät Kenntniß zu geben, auch die Namen derjenigen Kollegen zu bezeichnen, welche zu erscheinen gedenken, worauf rechtzeitig die weiteren Mittheilungen erfolgen werden.

Die Juristenfakultäten der Universitäten:

Berlin, Dr. Brunner. Leipzig, Dr. Friedberg.
München, Dr. von Sicherer.

Februar 1896."

Der Schritt fand allgemeines Entgegenkommen. Sämmtliche Fakultäten erklärten übereinstimmend, daß sie die Wichtigkeit der Frage und die Richtigkeit des Mittels zu ihrer Lösung anerkannten.

Der Kongreß der deutschen Rechtslehrer ist dann am 23. März in Eisenach zusammengetreten.

Schon zuvor waren die Herren Dr. von Bechmann-München, Dr. Brunner-Berlin und Dr. Strohal-Leipzig gebeten worden, über die Fragen der Gestaltung des römischen und deutschen Rechtsunterrichts, sowie über die zukünftige Gestaltung des Studiums des bürgerlichen Gesetzbuchsrechtes Referate zu erstatten. Die gedachten Herren sind diesem Ansuchen mit liebenswürdiger Bereitwilligkeit nachgekommen und haben so nicht zum Wenigsten dazu beigetragen, daß der Kongreß erfolgreich verlaufen konnte.

Fünf und sechszig ordentliche juristische Professoren waren in Eisenach erschienen.[1] Jede deutsche Fakultät, mit Ausnahme von Straßburg, ist vertreten gewesen.

---

[1] Sie vertheilen sich folgendermaßen auf die verschiedenen Universitäten: Berlin: DDr. Brunnner, Dernburg, Hinschius, Pernice, Gierke, Eck, Kohler, Kahl. Bonn: DDr. Krüger, Zitelmann. Breslau: DDr. Fischer, Bennecke, Leonhard. Erlangen: DDr. Sehling, Hellwig, Kipp, Rehm. Freiburg: DDr. Cosack, Rümelin, Rosin, Schmidt. Gießen; DDr. Schmidt, Jörs, Leist, Biermann. Göttingen: DDr. Frensdorff, Ehrenberg, Merkel. Greifswald: DDr. Stoerk, Stampe, Frommhold. Halle: DDr. Lastig, Loening, Heck, Endemann. Heidelberg: DDr. Bekker, Schröder, Meyer, Buhl, Jellinek. Jena: DDr. Franken, Danz. Kiel: Dr. Pappenheim. Königsberg: Dr. Gareis. Leipzig: DDr. Friedberg, Schmidt, Binding, Wach, Sohm, Degenkolb, Hölder, Strohal. Marburg: DDr. Ubbelohde, Lehmann. München: DDr. v. Sicherer, v. Bechmann, v. Amira, L. Seuffert. Rostock: DDr. Lehmann, Bernhöft. Tübingen: DDr. Wendt, Rümelin. Würzburg: DDr. Burckhardt, Schollmeyer, Mayer. Die DDr. Stammler-Halle, Hüffer-Bonn, Thon-Jena, Hübler-Berlin, Niemeyer-Kiel, welche den Kongreß besuchen wollten, sind nachträglich daran behindert worden.

Die Verhandlungen begannen um 10½ Uhr mit den Referaten der genannten drei Professoren, von denen jeder die Resultate seiner Ausführungen zu Thesen zusammenfaßte.[1] Über diese

---

[1] Die Thesen lauteten:

Dr. von Bechmann-München: 1. Das römische Recht kann als Lehrgegenstand in dem bisherigen Umfange nicht beibehalten werden.

2. Dasselbe kann ebensowenig als Lehrgegenstand beseitigt werden.

3. Beizubehalten ist, abgesehen von Rechtsgeschichte und einer übersichtlichen Darstellung des gesammten civilrechtlichen Stoffes, eine dogmatische Vorlesung über die römisch-rechtlichen Grundlagen des geltenden Civilrechts.

4. Besonderer Werth ist auch fernerhin auf exegetische Übungen aus dem Pandektenrechte zu legen.

Dr. Brunner-Berlin: 1. Wird das Recht des bürgerlichen Gesetzbuchs als Bestandtheil systematischer Vorlesungen über das geltende Privatrecht (ohne Handelsrecht) gelesen, so ist neben der herkömmlichen Vorlesung über deutsche Rechtsgeschichte eine Vorlesung über die deutschrechtlichen Grundlagen des geltenden Privatrechts in den Studienplan einzufügen.

2. Wird das Recht des bürgerlichen Gesetzbuchs mit Ausschluß des daneben geltenden Privatrechts gelesen, so ist die herkömmliche Vorlesung über deutsches Privatrecht in der Hauptsache nicht zu entbehren.

Dr. Strohal-Leipzig: 1. Der Vorlesung über das deutsche bürgerliche Gesetzbuch muß eine wesentlich andere und bedeutsamere Stellung zugewiesen werden, als welche nach dem Vorlesungsplan der deutschen Universitäten bisher der Vorlesung über das partikulare Privatrecht zukam.

2. Der Stoff der Vorlesung wird am besten auf zwei Semester vertheilt, für beide Semester zusammen sind zur Darstellung des b. G.-B. etwa sechzehn wöchentliche Stunden in Anspruch zu nehmen.

3. Auf das im b. G.-B. nicht enthaltene Reichscivilrecht und desgleichen, auch auf das durch das b. G.-B unberührt bleibende partikulare Privatrecht, hat sich die Vorlesung über das b. G.-B. nicht mitzuerstrecken. Auf Zweckmäßigkeitsgründen beruhende Abweichungen im einzelnen bleiben vorbehalten.

Auch von der Behandlung der Lehre von der zeitlichen und örtlichen Kollision der Statuten ist die Vorlesung über das b. G.-B. thunlichst zu entlasten.

4. Die Vorlesung über das b. G.-B. soll nicht die Aufgabe haben, die Studirenden in die juristische Begriffswelt unmittelbar einzuführen. Ihr muß

erfolgte zunächst eine Generaldiskussion[1], in der zahlreiche Redner auftraten und nicht minder zahlreiche Anträge gestellt wurden. Es lag auf der Hand, daß eine Diskussion über die letzteren unabsehbar gewesen sein würde. Deshalb beauftragte die Versammlung auf Vorschlag des Vorsitzenden, diesen, den zweiten Vorsitzenden Dr. Bekker-Heidelberg und die drei Referenten, eine Anzahl von Resolutionen zu formuliren und diese der Versammlung zur Beschlußfassung vorzulegen.

Der „Redaktionskommission" konnte über die Natur ihrer Aufgabe kein Zweifel aufkommen. Sie mußte sich entfernt halten von jeder Reglementirung und darum alle methodologischen Fragen ausscheiden. Sie mußte das Detail der Fragen vermeiden. Sie mußte Rechnung tragen der Verschiedenheit der Verhältnisse, wie sie durch das größere oder geringere Personal, über das die einzelnen Universitäten verfügen, gegeben wird. Sie mußte auch der Individualität der einzelnen Rechtslehrer die freie Entfaltung nicht versperren; sie mußte sich endlich das Gesammtziel vor Augen halten, d. h. dem zukünftigen deutschen Rechtsunterricht die Einheitlichkeit zu gewähren, ohne ihn zu einem mechanisch gleichmäßigen zu gestalten, wie ja auch nach dem bisherigen Verhältniß diese Gleichmäßigkeit nicht existirt hatte, ohne doch die Einheitlichkeit zu gefährden.

---

vielmehr ein propädeutischer Unterricht, der sich nicht allein auf Rechtsgeschichte sondern auch auf Rechtsdogmatik zu erstrecken hat, bereits vorangegangen sein.

5. Die Vorlesung über das b. G.-B. hat dasselbe nicht bloß in Stücken sondern als Ganzes zu behandeln. Die Auftheilung des im b. G.-B. enthaltenen Rechtsstoffes nach Materien unter Romanisten und Germanisten ist daher auch nicht zu einer regelmäßigen und dauernden Einrichtung zu machen.

[1] An dieser haben sich betheiligt die DDr.: Binding, Gierke, Sohm, v. Amira, Gareis, Schmidt-Leipzig, Meyer, Franken, Wendt, Dernburg, Kohler, E. Löning, Eck, Rosin.

Die von der Kommission während der Unterbrechung der Verhandlungen ausgearbeiteten Sätze wurden nach Wiederaufnahme der Verhandlungen zum Gegenstand der Debatte gemacht[1] und nachdem sich nur für die IV. Resolution eine Umwandlung als nothwendig herausgestellt hatte, von der Konferenz einmüthig und einstimmig angenommen und beschlossen.

---

[1] An dieser haben sich betheiligt die DDr.: Rümelin-Freiburg, Franken, Brunner, Dernburg, Löning, Wendt, Zitelmann, Meyer, v. Amira, Buhl, Lehmann-Rostock, Hinschius, Rosin, Hölder, Gierke, Merkel, Jörs, Fischer, Schmidt-Freiburg, Wach, Binding, Kahl, Bekker.

Diese Resolutionen lauten:

I.

Das juristische Studium beginnt mit einer allgemeinen Rechtslehre, insbesondere Privatrechtslehre.

Die nähere Ausgestaltung dieser allgemeinen „Rechtslehre" wird sich in Zukunft verschiedenartig bewirken lassen. Sie wird treten können an die Stelle der bisherigen Rechts-Encyklopädie, also auch die Begriffe des öffentlichen Rechtes mitumfassen. Sie wird sich stellen können an die Stelle der bisherigen Institutionen, die ja auch schon je nach der Individualität des einzelnen Rechtslehrers bald mehr im rein romanistischen Sinne, bald mehr im modernrechtlichen gelesen wurden.

II.

Den Vorlesungen über das geltende Privatrecht haben außer den Vorlesungen über römische und deutsche Rechtsgeschichte zwei propädeutische systematische Vorlesungen über dessen römischrechtliche und deutschrechtliche Grundlagen vorauszugehen.

Mit diesen Sätzen wird zunächst die bisherige Pandektenvorlesung beseitigt. Aber eine systematische Vorlesung des römischen Rechtes soll bei dessen unvergleichlich pädagogischer Bedeutung beibehalten werden. Das bürgerliche Gesetzbuch ist keine geschichtslose Erscheinung. Es ist der Abschluß auch der Geschichte der römischen Rechtsentwickelung. Darum setzt sein Verständniß eine Kenntniß des römischen Rechtsstoffes voraus. Wie man in Zukunft diese Vorlesung benennen will, ist gleichgültig. Ob der Lehrende sie auf dem Boden des klassischen römischen oder des justinianischen Rechts aufbauen, ob er auch den „usus modernus pandectarum“ heranziehen will, ist seinem Ermessen überlassen.

In der besonderen Betonung der Beziehung dieser Vorlesung zu dem bürgerlichen Gesetzbuchsrecht liegt von selbst, daß die antiquirten Institute den moderneren Platz machen sollen. Für die Erörterung jener bleibt die Vorlesung über römische Rechtsgeschichte. Aber in der Bezeichnung der römischrechtlichen Vorlesung als einer propädeutischen liegt auch, daß das bürgerliche Gesetzbuch in Zukunft als das Centrum der privatrechtlichen Studien angesehen werden soll.

Und es verdient hervorgehoben zu werden, daß auch die Mitglieder des Kongresses, welche sich als Gegner des „Entwurfes" bethätigt hatten, sich doch voll und ganz auf den Boden des Gesetzbuches gestellt haben, sobald dieses vorliegen wird.

Ganz gleichmäßig verhält es sich mit der Gestaltung der Vorlesungen über deutsche Rechtsgeschichte und deutsches Privatrecht. Auch für die germanischen Elemente des bürgerlichen Gesetzbuches kann eine Vorbildung nicht entbehrt werden. Der zukünftige deutsche Student darf nicht darüber in Unkenntniß gehalten werden, daß das geltende Recht nicht blos auf dem römischen, sondern auch auf dem nationalen aufgebaut sei, und er muß mit dessen Geiste um so mehr bekannt gemacht werden, als ja die Fortbildung des Gesetzbuchsrechtes nur auf dieser Basis erfolgen kann und wird.

III.

Auf die Quellenexegese ist nach wie vor hervorragendes Gewicht zu legen.

Der Satz spricht nicht blos vom Corpus juris civilis, sondern auch die Bedeutsamkeit von Uebungen in der Interpretation der deutschen Rechtsquellen und des Corpus juris canonici soll hervorgehoben werden.

Je größer die Gefahren sind, welche ein kodifizirtes Recht erfahrungsgemäß für das wissenschaftliche Studium mit sich bringt, um so mehr mußte das Gegenmittel, welches namentlich in dem Studium des Corpus juris civilis liegt, hervorgehoben werden.

IV.

Nach dem Inkrafttreten des bürgerlichen Gesetzbuches ist das gesammte bürgerliche Recht Deutschlands (mit Ausnahme des Handels- und Wechselrechtes) als systematische Einheit zu lehren. Von der Verbindung des Rechtes des bürgerlichen Gesetzbuches mit dem übrigen Reichs- und Landesprivatrecht sind nach örtlichem und zeitlichem Bedürfniß der einzelnen Universitäten Ausnahmen zulässig.

Eine einheitliche Vorlesung über das gesammte geltende bürgerliche Recht muß als der Zielpunkt angesehen werden. Die Lückenhaftigkeit des Gesetzbuchs ist theilweise eine zufällige. Würden über Wucher, Urheberrechte u. s. w. nicht schon Reichsgesetze existiren, so wären diese Materien in das Gesetzbuch aufgenommen worden. Soll ihnen nun jetzt deswegen nicht die Stellung im Systeme eingeräumt werden, die ihnen an und für sich zukommt? Und in gewisser Beziehung ähnlich verhält es sich mit den Materien, die auch für die Zukunft noch dem Partikularrechte überlassen geblieben sind, wie Berg-, Wasserrecht, Lehnrecht, Familienfideikommisse u. s. w. Auch sie sind bisher wesentlich im deutschen Privatrecht akademisch gelehrt worden, und wird nicht der Lauf der geschichtlichen Entwickelung dahin gehen, daß sie immer mehr in das Gesetzbuch Aufnahme finden werden? Aber auch hier hat der Kongreß von einer Reglementirung Abstand genommen. Ob eine Fakultät vorzieht, das „Extravagantenmaterial" noch zunächst getrennt zu halten vom Gesetzbuchsrechte, ob der Lehrer das thun will bezüglich der Materien, die er nicht auf der Basis eines positiven Gesetzes, sondern nach der Art des bisherigen deutschen Privatrechtes durch Vergleichung der einzelnen positiven partikularen Rechtssätze darzustellen hat, ob er um das Gefüge des Gesetzbuches als eines einheitlich gedachten Systems scharf hervortreten zu lassen, seine Darstellung auf das Gesetzbuchsrecht beschränken will: das alles ist seinem Ermessen überlassen. Das alles hängt auch ab davon, über welches Lehrermaterial eine Fakultät zu verfügen im Stande ist. Das Wesentliche ist nur, daß der Studirende in allen diesen Materien unterrichtet werde; ob er diesen Unterricht nur in einer Vorlesung über das geltende deutsche Privatrecht oder in verschiedenen über Gesetzbuchsrecht und deutsches Privatrecht empfange, ist gleichgültig, und die Erfahrung, sowie das Bedürfniß werden hier bald die richtigen Wege weisen.

V

Nach Aufnahme des bürgerlichen Gesetzbuches unter die Lehrgegenstände bedarf es eines mehr als dreijährigen Rechtsstudiums.

Wenn auch die Ersetzung der Pandekten und des bisherigen deutschen Privatrechts durch die neuen systematischen römisch- und deutschrechtlichen Vorlesungen eine Verminderung des bisherigen Unterrichtsstoffes und damit eine Verkürzung der bisherigen Unterrichtszeit bedingen, so wächst doch andererseits die Schwierigkeit des juristischen Studiums in bedeutendem Maße. Denn das Gesetzbuch ist nicht so leicht zu verstehen wie die bisherigen Partikulargesetzbücher, und an die zukünftigen Rechtskandidaten werden für ihre Kenntnisse des bürgerlichen Gesetzbuchsrechts ganz andere Anforderungen gestellt werden müssen, als das bis jetzt in Bezug auf die Kenntniß des partikularen bürgerlichen Rechtes der Fall gewesen ist. Ist nun schon bisher die Studienzeit von sechs Semestern — und wie vielfach lediglich von sechs durch die Militärzeit noch um zwei verkürzten und durch militärische Übungen noch weiter zerrissenen — als unzulänglich betont worden, so wird diese Unzulänglichkeit in Zukunft sich noch weit stärker fühlbar machen.

Dieser Punkt V entzieht sich der näheren Ausführung durch die Fakultäten selbst. Aber er enthält einen Appell an die deutschen Regierungen, der vielleicht um so eindringlicher sein wird, als er von den Rechtslehrern aller deutschen Juristen-Fakultäten und einstimmig ausgegangen ist.

Die Eisenacher Konferenz der deutschen Rechtslehrer ist von dem Gefühle durchdrungen gewesen, durch die von ihr mit einer in den Annalen der deutschen Universitäten noch nie dagewesenen Einmüthigkeit gefaßten Beschlüsse, eine wichtige und eine nationale That vollbracht zu haben. Sie meint, durch ihre Resolutionen die Einheitlichkeit des deutschen Rechtsunterrichts und die studentische Freizügigkeit gewahrt zu haben. Sie hofft dem künftigen deutschen Juristenstande den Geist der Wissenschaftlichkeit erhalten zu haben, durch den er sich stets ausgezeichnet hat. Sie hofft den Gefahren einer Paragraphen- und Präjudizienjurisprudenz vorgebeugt zu haben. Sie hat endlich ihrerseits dem neuen Gesetzbuchswerke bedingungslos und voll ihre Anerkennung zu Theil werden lassen.

Mögen diese Voraussetzungen keine irrigen und diese Hoffnungen keine trügerischen gewesen sein, und möchten die Eisenacher Beschlüsse, deren Bedeutung allen Theilnehmern des Kongresses voll und freudig zum Bewußtsein gelangt ist, unserer deutschen Rechtswissenschaft und unseren deutschen Fakultäten zum Heile gereichen!

Druck von Metzger & Wittig in Leipzig.

FSC
www.fsc.org
MIX
Papier | Fördert gute Waldnutzung
FSC® C083411

Kolibri 360 GmbH
Ferdinand-Jühlke-Straße 7
99095 Erfurt, Deutschland
produktsicherheit@kolibri360.de